ウオッチマン・ニー著

聖書を読む

JN061249

JGW日本福音書房

初信者シリーズ

9

聖書を読む

聖書：Ⅱテモテ三・十五―十七、詩百十九・九―十一、十五、百五、百四〇、百四八

一　聖書を読むことの重要性

聖書は、どのクリスチャンもみな読むべきものです。というのは、聖書は神の息吹かれたものであり、教えのため、叱責のため、矯正のため、義の中で訓練するために益があるからです。聖書は、神が過去においてわたしたちのためにどれほどの事をしてくださったかを見せますし、また神が過去において人をどのように導かれたかを見せます。神がわたしたちのために備えられたものがどんなに豊かで、どんなに広いかを知るためには、聖書を読まないわけにはいきません。神が人をどのように一歩一歩導かれたかを知るためにも、聖書を読まないわけにはいきません。

神が今日、人に語られる言葉はみな、神がかつて語られた言葉に基づいています。神が聖書の中で語られなかった言葉をだれかに語られるということはまれです。霊的な行程をかなり進んだ人に対して、神は時に啓示の言葉を語られることがありますが、その言葉でさえ神が聖書の中でかつて語られた言葉です。ですから、神が今日語られることは、ご自身の言葉を繰り返し語られることです。もし人が、神がすでに語られた言葉を知らないなら、神の啓示を得ることは容易ではありません。というのは、その人は神に語っていただくための条件に欠けているからです。

もし神がわたしたちを通して他の人に語りかけようとされるなら、それも神がすでに語られた言葉に基づきます。もしわたしたちが神のすでに語られた言葉を知らないなら、神はわたしたちを通して他の人に語ることができず、わたしたちは神の御前で役に立たない人になってしまいます。

こういうわけで、わたしたちは心の中に神の言葉を豊かに住まわせる必要があります。そうしてこそ、わたしたちは神がかつて歩まれた道を知ることができ、また神の今日の言葉を聞くことができ、神に用いていただき、他の人に語ることができます。

聖書は偉大な書物であり、また大いなる書物です。わたしたちが生涯の全部の時間をそれに費やしても、その一部分に触れることができるだけです。人が時間をかけないで聖書を知ろうすることは、不可能なことです。ですから、青年のクリスチャンは最善を尽くして神の言葉に時間を費やすようにすれば、中年になった時、老年になった時、豊かな言葉をもって自分自身に供給でき、また他の人に供給できるようになるでしょう。

神を認識しようとする人はだれでも、よくよく神の言葉を読むべきです。主を信じた人はだれでも、その初めに当たって、神の言葉を読む重要性を知るべきです。

二　聖書を読むことの基本原則

聖書を読むのに四つの基本的原則があります。

(一)事実を発見する。

(二)覚え、記憶する。

(三)分析し、分類し、比較する。

(四)神の照らしを受ける。

聖書を読む時、この四つの順序に従うべきであり、第三から第一に飛んだり、第一から第三に飛んだりはできません。第一は聖書の中の事実を探し出すことです。第二に、これらの事実をしっかりと覚え、よくよく暗記します。神の言葉はどのように言っているのかをはっきり知った後、それを記憶するのです。落としてはいけませんし、あいまいであってもいけません。そうでなければ、役に立たなくなります。第三に、これらの事実を分析し、分類し、比較します。あなたが神の御前でこれらの事実をよく分析し、よく分類し、よく比較することができたなら、第四の神の照らしを得ることができます。

聖書の中には多くの霊的な事実が含まれています。人の内側の目が見えない時、それらの事実を読み取ることはできません。聖書の中から事実を読み取ることができたなら、それはもう半分以上の光を得たことになります。なぜなら、神の照らしは、神の言葉の中の事実を照らし出すからです。事実を発見することは、聖書を読む上での働きの半分です。聖書を読む時、必ず事実を探し出す必要があります。

例えば、地球の引力は一つの事実です。ニュートン以前でも、ずっと地球の引力はあったのですが、幾千年も人は発見することができませんでした。ある日ニュートンが木の下で眠っていると、一個のりんごが彼の目の前に落ちてきました。こうしてはじめて彼が地球の引力の法則を発見しました。ですから、問題は事実のあるなしではなく、この事実が発見されるかどうかです。

例えば、聖書で言っていることと、聖書で言っていないこととには、とても大きな関係があります。ある箇所では言っており、ある箇所では言っていません。ある箇所ではこのように言い、またある箇所では別の言い方をしています。同じ言葉をある箇所では複数にし、またある箇所では単数にしています。聖書では、時には主の御名に重きを置き、また時には人の名に重きを置いています。ある箇所では年数をかなりはっきり言っており、またある箇所では多くの年数は取り上げられていません。あたかもおろそかにしているかのようにです。これらは全部、事実です。

聖書を読むことのできる人は、神の御前で細やかな人であって、大ざっぱでも、混乱していてもいけません。聖書は一点一画も変えることはできません。神の言葉がこう言うなら、それはそのとおりです。神の言葉が語り出されるその時、あなたは神が重く見ておられることがどこにあるのかを知るべきです。多くのいいかげんな人は、人の話を正しく聞きませんし、神の言葉も正しく読みません。神の言葉の重点がどこにあるのか、彼らは読み取ることができません。その要点がどこにあるのか読み取ることができません。ですから、あなたは第一に、事実を探し出すことを学ぶ必要があり、その後それを記憶して、さらに歩みを進め、分析し、分類し、比較すれば、神の御前で光を持つようになるでしょう。このようにして自分にも供給があり、また他の人にも供給することができるようになります。自分が養われ、他の人をも養うことができるようになります。

ここで一つの簡単な例を取り上げてみましょう。わたしたちが聖書を詳細に読む時、新約において、ただ「主の中で」とか、「キリストの中で」とか、「キリスト・イエスの中で」とだけ言っており、「イエスの中で」とか、「イエス・キリストの中で」とかは決して言っていないことを発見します。ただ「キリスト・イエスの中で」と言うだけで、「イエス・キリストの中で」とは言っていません。これらはみな事実です。あなたは一つ一つ記憶する必要があります。聖書において、ある所では「主の中で」と言っていますが、そこは何を言っているのか、別の所では「キリストの中で」と言っていますが、そこではまた何を言っているのか、またもう一箇所では「キリスト・イエスの中で」と言っていますが、何を言っているのか、それらをしっかりと覚えておけば、取り出して比較することができます。なぜここでは「イエスの中で」と言わずに、「キリストの中で」と言うのだろうか？　なぜこの箇所では「キリスト・イエスの中で」と言って、「イエス・キリストの中で」と言わないのだろうか？　なぜ聖書はどこも「イエスの中で」、「イエス・キリストの中で」と言わないのだろうか？　いったいなぜなのか？　このように分析、比較し、照らしを求めて神を仰ぎ望む時、わたしたちは何かを見ることができます。

光を見るやいなや、あなたは相当はっきりします。イエスは彼の地上での名であり、キリストは彼の復活の後の、神に油塗られた名です。「このイエスを、神は主またキリストとされたのです」。これは使徒行伝第二章の言葉です。キリストは、彼の復活の名です。ローマ人への手紙を読めば、キリスト・イエスとありますが、その意味は今日のキリストは以前のイエスであるということです。ですから、キリスト・イエスは彼の今日の名であり、このキリストは以前のイエスです。イエス・キリストは彼の復活前の名であり、このイエスは将来キリストになるということです。これは彼の地上における人としての名です。キリストが以前はイエスであったということと、イエスが将来キリストになるというこの二つの意味は、異なっています。

わたしたちはただキリストの中にいることができるだけで、イエスの中にいることはできません。わたしたちはただ主の中にいることができるだけで、キリスト・イエスの中にいることができるだけで、イエス・キリストの中にいることはできません。わたしたちの主が地上に生きておられた時、わたしたちは彼の中にいることはできませんでした。もし彼が地上におられた時、わたしたちが彼の中にいたとすれば、イエスの中にいたとすれば、わたしたちは十字架にも分があったことになり、罪の贖いにも分があったことになります。これは真理に合いません。彼がベツレヘムで生まれられたことには、わたしたちに分がありません。彼は神のひとり子であり、わたしたちはそのことには分がないのです。

どのようにすればわたしたちはキリストの中にいることができるのでしょうか?コリント人への第一の手紙第一章三〇節は言います、「しかし、あなたがたがキリスト・イエスの中にあるのは、神によるのです」(「イエスの中にある」とは言っていません)。主イエスが死んで復活された時、わたしたちは彼と結合して彼の復活の中にありました。彼が死んで復活されたので、神は彼をキリストとされました。神はその霊を通して、わたしたちを彼の中へと結合させてくださいました。わたしたちが彼の命を得ることは、彼の復活の時から始まりました。再生は、彼が生まれたことを通してではなく、復活を通してです。今やはっきりしたでしょう。

これが聖書を読む方法です。これが聖書を読む道です。先に事実を発見し、その後に事実を覚え、そして分析し、分類し、比較し、それから神の御前で待ち、祈ります。すると、主はあなたを照らし、あなたに見せてくださいます。これが聖書を読む四つの原則であり、どの一つが欠けても駄目です。

もう一つの例を挙げましょう。ヨハネによる福音書第十四章と第十六章に、聖霊を賜わる問題があります。わたしたちはそれを読む時、主イエスの約束に注意する必要がありますし、この中に特別の事実があるかどうかに注意しなければなりません。

ヨハネによる福音書第十四章十六節から二〇節は言います、「わたしは父にお願いしよう。そうすれば、彼はあなたがたに別の慰め主を与えて、いつまでも、あなたがたと共にいるようにしてくださる。それは実際の霊である。世の人はその方を受けることができない。それは、世の人が彼を見ないし、知りもしないからである。しかし、あなたがたは彼を知っている。彼はあなたがたと共に住んでおり、またあなたがたの中におられるようになるからである。わたしは、あなたがたをみなしごのままにはしておかない。わたしはあなたがたに来る。もうしばらくすると、世の人はもはやわたしを見ない。しかし、あなたがたはわたしを見る。わたしが生きるので、あなたがたも生きるようになる。その日には、わたしがわたしの父の中におり、あなたがたがわたしの中におり、わたしがあなたがたの中にいることを、あなたがたは知るであろう」。この中にはどんな事実があるでしょうか？　この数節の言葉の前半では「彼」という語を用い、後半では「わたし」という語を用いています。代名詞が代わっています。これは、「彼」から「わたし」に代わっているという事実です。

聖書を読む四つの基本原則にしたがって見ると、この段落はどういう意味でしょうか？　第一は事実の発見で、「彼」が「わたし」に代わっています。第二に、わたしたちはこの事実を記憶します。第三に分析します。ここには二人の慰め主がいます。主は言われました、「わたしは父にお願いしよう。そうすれば、彼はあなたがたに別の慰め主を与えて」。「別の慰め主」の「別の」という意味は、第二のということです。「彼はあなたがたに別の慰め主を与えて」ということは、父があなたがたに第二の慰め主を与えてくださるということです。もし第二の慰め主がおられるなら、必ず第一の慰め主がおられるはずです。

最初にまず断定できることは、ここには二人の慰め主がおられるということです。主の思いは、あなたがたはすでに一人の慰め主を持っている、今その上にもう一人与えよう、ということです。この第二の慰め主はどのような方でしょうか？「彼は……いつまでも、あなたがたと共にいるようにしてくださる」。この彼とはだれでしょうか？　主イエスは言われました、「世の人が彼を……知りもしない……しかし、あなたがたは彼を知っている」。なぜでしょうか？「彼はあなたがたと共に住んでお……るからである」。彼はずっとあなたがたと共におられます。その方を世の人は受けることができません。そのうえ彼を見ることもしません。あなたがたはどうでしょうか？　あなたがたは彼を見、彼を知っています。なぜあなたがたは彼を知っていると言うのでしょうか？　それは、彼がずっとあなたがたと共に住んでおられるからです。

主は言われました、「彼はあなたがたと共に住んでおり、またあなたがたの中におられるようになるからである」。この「彼」が用いられているのは、ここまでです。次の節は言います、「わたしは、あなたがたをみなしごのままにはしておかない。わたしはあなたがたに来る」。これを少し分析してみますと、この「彼」は「わたし」であり、「わたし」は「彼」なのです。言い換えるなら、主イエスが地上に生きておられた時、主は慰め主でした。聖霊は主の中におられ、主はわたしたちの慰め主となっていました。主が地上におられた時、聖霊は彼の中におられました。彼と聖霊は一つでした。こういうわけで主は、弟子たちは彼を見、彼を知り、彼はいつも彼らと共に住んでおられる、と言われたのです。

今はどうでしょうか？　主は次のように言っておられました、「別の慰め主が来るであろう。わたしは死に、復活し、戻って来るであろう。神は聖霊を賜わるであろう」。どのようにしてでしょうか？　主は聖霊の中で再び彼らの所に来られます。主は彼らをみなしごのままにしておかれませんでした。しばらくの後、彼らはもはや主を見なくなりました。しかし、その後、彼らは再び彼を見ます。そして彼は彼らの中に住みます。十七節は、「彼は……あなたがたの中におられる」と言います。それから二〇節は、「わたしがあなたがたの中にいる」と言います。ですから、後半の「わたし」は、前半の「彼」です。代名詞が代わっているのを見れば、この二人の慰め主の違いを見ることができます。前半では、聖霊がキリストの中におられることを言います。後半では、キリストが聖霊の中におられることを言います。「彼」は、キリストの中におられる聖霊です。「わたし」は、聖霊の中におられるキリストです。聖霊とはどなたでしょうか？　聖霊は主イエスの別のかたちです。御子は、御父の別のかたちです。同様に、聖霊は御子の別のかたちです。かたちが変わっただけにすぎません。

ですから、聖書を読む時の第一の基本的原則は、事実を発見することです。もしわたしたちが一つの事実も発見できないとすれば、それは神の御前で光がないことです。何回読むかの問題ではなく、その何回かの間に事実を探し出すことです。

パウロは事実を発見することのできる人でした。パウロがガラテヤ人への手紙第三章で言っている言葉を見てみましょう。彼は創世記から、神がアブラハムの子孫を通して人に祝福を与えることを見ました。ここの子孫という語は単数であり、複数ではありません。ですから、キリストを指しています。まずパウロはこの事実を発見しました。彼は、すべての国民がアブラハムの子孫のゆえに祝福されること、そしてこの子孫が単数であることを見ました。ですから、それがキリストを指して言っていることを、彼は見たのです。複数であれば、アブラハムのあの多くの子孫、すなわちユダヤ人たちを指していることになりますから、意味は大違いです。パウロは聖書を読む時、事実を発見するように読んだのです。

このような事実は聖書の中に数多くあります。人が神の言葉において豊かであるかどうかは、その人が神の御前でどれだけの事実を見つけ出すことができるかによります。事実を多く発見すればするほど、豊かになります。もし事実を発見できなければ、ただうのみにするだけで、その結果、何であるか知り得ないのです。ですから、わたしたちは聖書を読み始める時、事実を発見する学びをすべきです。その後それを記憶し、分析し、比較し、それから神の御前にひざまずき、光を求めるのです。

三　聖書を読む実行の方法

聖書を読むには、時間を二段階に分け、二冊の聖書を用いたらいいでしょう。あるいは午前のある時間と、午後のある時間とに読んでもいいでしょう。または早朝、聖書を読む時、前半の時間はある読み方をし、後半の時間は別の読み方をしてもいいでしょう。時間は必ず区切りましょう。午前あるいは早朝の前半の時間は、一面聖書を読み、一面黙想し、一面賛美し、一面祈ります。読み、黙想し、賛美し、祈ることを一緒に混ぜ合わせます。この時間は霊的命の糧を得、自分の霊を強めるためです。多く読みすぎてはいけません。三節か四節で十分です。午後あるいは朝の後半の時間は、比較的長い時間をかけて多く読みます。その目的は、神の言葉の中でいったい何が語られているかを知ることにあります。

できることなら、二冊の聖書を用意しましょう。前半の時間に使う一冊には一字たりとも書かず、(以下に述べる年月日以外は)一つのしるしさえ書き込まないのです。後半の時間に使う別の一冊には、見たことを書き込むようにします。言葉で書いても、丸で囲んでも、線を引いても自由です。前半の時間に使う一冊には年月日を記していいでしょう。今あなたが読んだ箇所で、神と交わり、ある経験をしたら、そこに年月日を書き入れます。その意味は、あなたがその日この節の言葉で神に出会ったということです。しかし、他の事は書く必要はありません。後半の時間に使う一冊は聖書を認識するためですから、あなたが発見した霊的事実を、あなたが見た光を、この一冊の聖書に記します。さて、この前半と後半の時間にどのようにして聖書を読むかを説明しましょう。

A　前半の時間に聖書を黙想する

聖書を黙想することについては、ミューラーの言葉を引用するのがいいでしょう。彼は次のように言いました：

「かつて主は喜んでわたしに一つの真理を教えてくださいました。これは人によってわたしに伝えられたものではありません。今に至るまでに四十数年になりますが、わたしはその真理の益するところを失っていないことを認めます。その要点はこうです。あの時、わたしは以前にも増してはっきりと見たのですが、わたしが毎日必ず注意している最大で一番先になす事は、主の中で喜ぶことです。まず注意すべき事は、わたしが主にどれだけ仕えて、いかに主に栄光を帰しているかではなく、わたしが内側でどのように喜びを得ているか、わたしの内なる人がどのように養いを得ているかにあります。わたしは未信者にメッセージすることができ、信者を成就し、苦難にある人を助けることができますし、別の多くの働きを通して自分が神の子であることをこの世において現すことができます。しかし、もしわたしが主の中で喜んでいないなら、内なる人が日ごとに養いを得ていないなら、わたしがなす一切の事は、正しい霊の中でではないのです。わたしがその時はっきりする前は、少なくとも十年の間、わたしは毎朝、洗面が終わると祈ることを習慣にしていました。そしてその時こそ知ったのですが、わたしがすべき事で最も重要なのは、神の言葉を読み、それを黙想し、わたしの心が慰め、励まし、警告、叱責、教訓を得ることなのです。わたしがこのように神の言葉を黙想している時、わたしの心は主と経験的に交わることができました。

ですから、毎朝早くわたしは新約を黙想し始めました。わたしが数句の言葉で、主がご自身の尊い御言葉を祝福してくださるよう祈った後、まず行なったのは神の言葉を黙想することとでした。聖書の各節において尋ね求め、その中から祝福を得ようとしました。公衆の面前でメッセージするためではなく、またわたしが黙想した言葉について語るためでもありません。それはわたし自身の魂に糧を得させるためです。わたしに決まって起こる結果として、数分後にわたしは罪を告白したり、感謝したり、あるいはとりなしの祈りをしたり、懇願するようになります。祈ろうと心がけるのではなく、黙想するのですが、たいていとてもすばやく、多かれ少なかれ祈りに転向します。罪を告白したり、とりなしの祈りをしたり、懇願したり、感謝したりの時間を経て、わたしは再び次の句、あるいは次の節を読みます。読んでから、もし導きがあれば、わたし自身のためにあるいは他の人のために祈ります。しかしながら、相変わらずわたしの黙想の目的は、自分の魂が糧を得るためであることを覚えておきます。そのようにした結果、毎日、多くの罪の告白、感謝、懇願、とりなしの祈りがわたしの黙想の中に取り混ぜられて、わたしの内なる人は常に養いと力を感じることができます。朝食の時には、ほとんど例外なく、わたしの心の状態は、喜びがあるか、あるいは平安がありました。わたしの黙想は公衆の面前でメッセージするためではなく、わたしの内なる人の益のためでしたが、主が喜んでわたしに与えてくださったのは、間もなく他の信者の糧になるものでした……」。

神の子たちが毎朝しなければならない第一の事は、内なる人のために糧を得に行くことです。わたしたちの外なる人は食べずに働くことができないのと同様に、毎朝わたしたちの内なる人も糧が必要です。だれでも内なる人に食べさせるべきであることを認めなければなりません。それでは、内なる人の糧とは何でしょうか？祈ることではなく、神の言葉です。これはただ単に神の言葉を読んで、水が水道管を流れるように、その言葉がわたしたちの思いを通過するだけのようであってはいけません。読んだ言葉を黙想し、それをわたしたちの心の中に適用しなければなりません。わたしたちは祈る時、神に向かって語ります。もし祈りを普段よりさらに長く継続させようと思えば、おのずと多くの力と敬虔な心が必要とされます。ですから、ただ内なる人が神の言葉を黙想して養いを得ることによって、御父に出会い、語っていただき、励まされ、慰められ、教えられ、へりくだらされ、責められた後こそ、祈るのに最もよい時なのです。そういうわけで、わたしたちは神の祝福の中で黙想すべきです。わたしたちが霊的な面でずっと弱くてもです。わたしたちは弱ければ弱いほど、黙想によって内なる人を増強させる必要があります。そのようにするなら、思いがさまようことがなくなり、黙想しないで祈るよりずっとよくなります。わたしがこの点を重視するのは、わたし自身がかつてこの中から最大の霊的益と養いを得たからです。わたしは心を込めて、また厳粛に、わたしと共に信者となっている人たちにこの事を考えてくださるようお願いします。神の祝福によって、この方法を通して、神から来る力と助けを得れば、どんなに深い試練をも平安のうちに経過できるでしょう。わたしはこの方法をすでに四十年試してきました。ですから、神を畏れる心をもって、あえてこの方法を紹介することができるのです。

朝早く魂が養いと喜びを得る人と、霊的な準備なしに日中働き、試練、誘惑に出遭う人とでは、何という相違があることでしょう！

B　第二区分の時間に聖書をつぶさに読む

主を信じて間もない人は、少なくとも六か月間は、研究する方法で聖書を読むのには適切ではありません。なぜなら、聖書全体についてあまりよく知らないからです。必ず、先に数か月の時間を費やして、普遍的に聖書全体をよくよく読んでから、聖書研究をすることができるのです。

聖書を熟読する時、一章一章、一回一回、神の御前で継続して読みます。一番いいのは、一日に旧約を何章、新約を何章と決めて読むことです。あまり速すぎるのも、あまり遅すぎるのもよくありません。普遍的に、いつも、続けて読みます。ミューラーは一生のうちに旧約と新約を百回読みました。初信の兄弟姉妹は聖書を読むことを学び、いったい何回読んだかを記録してください。一回新約を読み終わった時、比較的年長の兄弟に手紙を書いて知らせることができればすばらしいです。あなたの聖書の空白のページを、聖書を読んだ回数を記録するために残しておけばいいでしょう。何年何月何日、ある場所において、一回目を読み終わり、何年何月何日、ある場所において、二回目を読み終わったと、読み終わることに記録し、新約と旧約を分けてはっきり記します。あなたも一生のうちに百回読んだと言えることを願います。人が一生かかって聖書を百回読もうとすれば、クリスチャン生活五十年として、一年に少なくとも二回読まなければなりません。ですから、相当な時間を聖書を読むのに費やさなければならないのです。

読む方法は、一章一章、一回一回を原則とします。比較的年長の兄弟姉妹は、初信者が聖書を読む状況に注意すべきです。時には彼らの聖書に記された月日を調べて、彼らが一日何章読んでいるか尋ねたり、今週は聖書をどこまで読んだかを尋ねたりしてもいいでしょう。全員この働きを重視すべきであり、いいかげんであってはいけません。ゆっくり過ぎる人には促して、「もう半年にもなるのに、なぜまだ新約を一回読み終わっていないのですか?」と言ってあげましょう。

以上述べた原則にしたがって読むなら、少し時がたつと聖書に対する知識が次第に増し加わってきます。できることなら、一日に一節あるいは二節を暗記しましょう。始めたばかりの時は、少し無理しても、型にはまったようにやっていけば、後になって助けとなります。

C　時間を分けて実行する聖書研究

第一種類目の毎日聖書を読むこと――祈りつつ黙想しつつ読む――は、一生やめてはなりません。第二種類目のつぶさに聖書を読むこと(聖書研究すること)は、六か月以上経過して、聖書について少し知識を得た後に開始してもいいでしょう。

どのクリスチャンも、どのように聖書を研究するか、一つの決まりを持てれば一番いいことです。あなたが一日に三十分割くことができるなら、自分のために一日三十分、研究する計画を決めます。一時間取り出せるなら、一日に一時間研究する計画を決めます。このような具合に、あなたが一日に取り出せる時間によって、自分に適切な計画を立てます。一番よくないのは「天才」式の読み方で、気ままに読む、無計画に読む、開いた所を読む、時には十日間続けて読み、時には十日間一字も読まないことです。この種の「天才」式方法をまねてはいけません。わたしたちは各自一定の計画をもって読む必要があります。聖書を読むことにおいて、わたしたちは拘束を受け、規律を守ることを学ばなければなりません。

しかしながら、基準を高すぎる所においたり、時間を長く決めすぎてはいけません。時間を長く決めすぎると、往々にして長続きせず、かえってよくありません。わたしたちは五年、十年、十五年と続けていくのであって、二、三か月、あるいは五、六か月で終わることではありません。ですから、神の御前でまず読む時間をどれだけにするか、よくよく考慮したほうがよいのです。可能なら毎日一時間ぐらいがちょうどよいでしょう。三十分は少な過ぎて、何も読み取れないかもしれません。しかし、時間が許さなければ三十分でもいいでしょう。一時間というのは、ちょうど適当な時間です。二時間取れればそれも結構ですが、普通は二時間以上の必要はありません。毎日三時間取って長続きした兄弟姉妹を見たことがありません。

聖書を読む方法は、「聖書を読む道」という書物の中で紹介したように、二十八種類あります。この二十八種類の読み方の中で、「聖書の中の真理の進歩」という読み方は一番難しいものです。この方法については、多くの人はしばらく待って、将来応用したらいいでしょう。このほか、言葉の学びの方法は、比較的やさしいです。「金属」、「鉱物」、「数字」、「人名」、「地理」などの読み方は、付帯的にやればいいのであって、特別に、専門的に詳しく読む必要はありません。また聖書の「年代」問題は時間のある時に少し見ればいいでしょう。さらに「預言」、「予表」、「比喩」、「奇跡」、「主の地上での教え」、「各書ごとの読み方」などについては、よくよく読む必要があります。

さて、毎日一時間、聖書を研究する例をもって、時間の配分をしてみましょう。

1　最初の二十分間——テーマを分けて読む

ある人たちの経験はこうです。彼らは一時間を四つに区分します。最初の二十分間は、もっぱら少し重要なテーマについて読みます。例えば「預言」、「予表」、「比喩」、「時代」、「主の地上での教え」といったテーマを、「各書ごと」に読んでいきます。神の御前で一段落ずつ読んでいって、あなたが決めたテーマに関係のある聖句を探し出します。「各書ごと」に読む方法は、ローマ人への手紙とかヨハネによる福音書とか何でもいいのですが、聖書の一書を選んで読みます。一書を読み終わったら、また一書を選び、一書一書と読み進み、各書の内容が何であるかを読み取ります。毎日二十分間と決めたなら、あなたは時間を延長する必要もありませんし、短縮してもいけません。わたしたちは自分を訓練することを学び、拘束を受ける人となり、不規則でいいかげんな人になってはいけません。

2　次の二十分間——言葉の学び

聖書の中には多くの特別な言葉、例えば和解、血、信仰、喜び、平安、望み、愛、服従、義、贖い、あわれみなどが随所に散在しており、みなとても意味のあるものです。それらを探し集めるなら、さらにそれらの言葉の意味を知ることができるでしょう。仮に「血」という言葉を読むとすれば、まず「血」と関係のある節を全部書き抜き、それからその意義を分析します。血は神の御前でわたしたちのために何をなすのか、血が対処するのはどういう人か、血はわたしたちのためにどれだけの事をなしたか、旧約から新約までの多くの「血」という言葉が扱われている節を探し出して、よくよく分析します。これは一回でなし終えることはできません。ですから、一日目で何らかの結果が出ることを期待することはできません。もし「コンコルダンス」のような書物を参考にすれば、比較的手間が省けます。

3　その次の十分間——材料を集める

いくつかのテーマを選んで、この十分間をもっぱらこれらのテーマの材料を集めるのに用います。聖書には多くのテーマ、すなわち創造、人、罪、救い、悔い改め、聖霊、再生、聖化、義認、赦し、解放、キリストのからだ、主の再来、裁き、王国、永遠の世などがあります。いくつかのテーマを選び出し、これらのテーマに沿って、聖書の中から材料を探し集めます。材料を集める時、同時に多くて五つぐらいのテーマを顧みることができるでしょう。それより多ければ、手がかりが多すぎて、扱いにくくなります。しかし、ただ一つのテーマに絞ってもいけません。毎回ただ一つのテーマについてだけ集めるなら、時間の浪費を免れません。というのは、一章の聖書の中に一つのテーマしか探し当たらないとは限らないからです。例えば、「聖霊」について学ぶとして、ある特定の一章の中で「聖霊」だけを述べているとは限らず、たいてい別のテーマの言葉もあるはずです。ですから、同時にいくつかのテーマについて材料を集めたらいいでしょう。二、三個でも、四、五個でもいいでしょうが、五個より多くはいけません。

一つのテーマに相当な時間をかけてこそ読み終わるものであり、毎日材料を付け加えていく必要があります。あなたが得た材料(聖句)を書き記し、あなたが得た材料の中の主要な言葉を書き記し、あなたが得た材料の中の主要な意味を書き記す必要があります。ただ聖書の節を書き記しただけではあまり役に立ちません。書き記した聖書の節が何を語っているかを、必ず知るべきです。例えば、エペソ人への手紙で述べられている聖霊について読んだとします。第一章十三節の聖霊の証印と書いた時、証印の意味を書き記さなければなりません。まず章と節を書き、その後に関係のある言葉を書き、最後に意味を書きます。このように材料を集めていくと、ある日この問題を解決しようとする時、これらの材料が役に立ちます。

4　最後の十分間――聖書を手書きする

まだ十分間ありますので、聖書を手書きしてもいいでしょう。これはわたしたちにとってとても有益です。聖書を手書きすることは、ある部分の聖書についての新しい理解を与えます。人にわかりやすい言葉を用いて書くと、他の人たちが見るやいなや理解できるような方法で、わたしたちはその部分を表現することができます。

例えば、あなたはローマ人への手紙を章ごとに読んでいくとします。仮に、十数歳の子供があなたの所に来て言ったとします、「わたしはローマ人への手紙でパウロが言っているこの言葉がわかりません」。そこであなたは、どのようにして自分の言葉でローマ人への手紙をその子供に言い聞かせようかと考えます。注解するのではなく、あなたの言葉を用いて、パウロの言わんとするところをわからない人にわからせるのです。これには聖書を手書きする学びが必要です。聖書の意味を自分の言葉をもって手書きするのです。ローマ人への手紙を取り出して、自分の言葉で書いてみます。パウロは彼の言葉をもって書きました。今度はあなたがあなたの言葉をもって書くのです。あなたの最善を尽くして書くのです。自分が読んでわかるように、また他の兄弟姉妹が読んでもわかるように丁寧に手書きします。

このように聖書を手書きすることは、神の言葉に対する人の認識がどれだけあるかを明らかにします。自分の言葉をもって使徒たちの言葉を書くことは、聖書解釈を学ぶ準備になります。手書きすることが第一歩であり、聖書解釈は第二歩です。先に聖書を手書きすることを学び、聖書本文を自分の言葉で手書きします。神の御前での学びは一歩一歩とやって行くものであって、聖書を手書きすることを学ばないですぐに聖書解釈をすることに走ってはなりません。それは早すぎます。聖書解釈を学ぶ前に、聖書を手書きすることを学ばなければなりません。手書きすることができなければ、解釈もできません。第一歩の手書きができるようになったら、第二歩の解釈もできるようになります。これは一つの基本的な学びですから、わたしたちはよくよく訓練する必要があります。まずパウロの書簡全部を一通り手書きしてから、新約全部を手書きしてみてください。

聖書を手書きする時、注意すべき点は、聖書の言葉ではなく、あなた自身の言葉を用いることとです。このことでの主要な学びは、あなたが理解した言葉をもってもともとの意味を表すことです。聖書の一書を試しにやってみれば、これがどんなに尊いことで、あなたにとってどんなに有益かがわかるでしょう。いいかげんで投げやりな人は聖書を手書きすることはできません。神の御前でよくよく祈り、よくよく読んでこそ、適切に書くことができます。一書を書き終わった後、神の御前で一回、二回と書き直し、言葉を練って文章の筋をよく通します。そうするとこの一書について十分な印象を持つことができ、使徒が言っていることがどういう意味かをよく知ることができます。書いてこそ印象がはっきりします。

聖書を手書きする時、聖書がすでに語り出していることと、まだ語り出されていないが聖書に含蓄されていることを全部知ることができたと言えるほど、完全に知り尽くした段階まで読まなければなりません。そうすれば、自分の知ったことが全部手書きした中に網羅されるでしょう。これは、その一節についてとてもはっきりしたという程度まで明らかになることを要します。そうしてはじめて手書きすることができるのです。こうして毎日少しずつ書きます。詳細に読み、よく注意して書いていきます。そうしてある日、パウロの手紙の一書を書き上げた時、パウロの思っていることが理解でき、パウロが用いたことのない言葉をもってパウロの思いを表現するに至るのです。

以上の四つの提案をしました。まずテーマに沿って読み、言葉を学び、材料を集め、そして聖書を手書きする学びです。二十八種類の聖書の読み方を一つ一つ全部やってみてもいいでしょう。このように時間を決めて、また時間を配分して聖書を読むことは、自分にとっての訓練となります。わたしたちは腰に帯を締め、拘束されて、神の御前で規律がなければなりません。締まりがなくてはいけません。あなたが一時間読むと決めたなら、この一時間を守り抜くようにしてください。病気であるとか、休暇で休む時は、短縮したり延長したりしても結構ですが、それ以外は一定の時間を維持しましょう。毎日続けていけば、間もなく収穫があるでしょう。

聖書を読む

2012 年 3 月 1 日　初版印刷発行　定価 250 円（本体 238 円）

© 2012 Living Stream Ministry

著　者　ウ オ ッ チ マ ン・ ニ ー

発行所　J G W 日 本 福 音 書 房

〒 151-0053 東京都渋谷区代々木 1-40-4

TEL 03-3373-7202　FAX 03-3373-7203

（本のご注文）TEL 03-3370-3916　FAX 03-3320-0927

振替口座００１２０－３－２２８８３

落丁・乱丁の際はお取りかえいたします。

ISBN978-4-89061-622-0 C0016 ¥238E